De l'albatros à l'aigle

Quand le Haut Potentiel

Et

Le Harcèlement se combinent.

Éditeur : BoD-Books on Demand
12-14 rond-point des Champs-Élysées, 75008 Paris
Impression : Books on Demand, Norderstedt, Allemagne

Illustration : Marjo

ISBN : 978 2322253999

De l'albatros à l'aigle

Introduction

Dans cet ouvrage, le harcèlement dans son acception la plus basique est abordé. À savoir le harcèlement psychologique : persécution psychologique d'un employé, d'un élève, d'un enfant par un supérieur ou un collègue (critiques répétées, moqueries, etc.). Il ne sera pas question du harcèlement sexuel qui est encore autre chose.

Le HPI : haut potentiel intellectuel, abordé dans cet ouvrage, n'est pas accompagné de troubles DYS[i], TSA[ii], TOC[iii] ou autres.

Ces deux problématiques sont intimement liées dans mon expérience personnelle, donc il n'y a pas une partie dédiée au harcèlement et une autre au HPI.

Dans ce livre, il n'est pas question de développer ce qu'est le harcèlement ou le HPI, mais bel et bien de témoigner de notre parcours pour nous en sortir et en faire une force.

Je crois bien que la première fois que j'ai compris que j'étais différente, scolairement parlant, c'est lorsque le maître d'école a demandé aux élèves de dessiner une pensée.

Je devais être en CP ou CE1. Face à cette demande, je suis restée perplexe : comment dessine-t-on une pensée ?

Moi qui usais déjà des crayons à recopier les personnages de Mickey ou autres modèles… j'étais figée par l'ignorance. Je jetais un œil curieux sur les œuvres de mes voisins et cela me rendait encore plus désabusée.

Pourquoi dessinaient-ils une fleur ?

Pour moi, une pensée… c'était dans la tête.

Alors j'ai dessiné un visage avec une bulle et à l'intérieur de la bulle : un décor… bref une pensée.

L'instituteur n'a pas compris et il m'a dit que je n'avais pas saisi la consigne : moi, une fille, dont la mère possédait un massif floral à faire pâlir d'envie une fleuriste ; je n'avais pas fait le rapprochement entre la pensée et la fleur… Non, j'étais allée trop loin, trop ailleurs… mais pas là où j'étais attendue.

En fait, ce fut le début de la fin ou peut-être le début de mon incapacité à me conformer, à me soumettre.

De mes années de maternelles et de primaires, ce dont je me souviens c'est des moqueries, du rejet. Physiquement, j'étais plutôt fine, voire squelettique. Petite, même si ma famille me trouvait grande… Je me souviens d'une visite médicale, à l'école, où l'infirmière, me semble-t-il, avait écrit sur mon carnet de santé : en assez bon état général, veillez à ce qu'elle mange plus…

Ma nourriture, si elle n'avait dépendu que de moi, aurait été constituée de tartine de beurre ! Mais ma mère veillait au grain et j'ai grandi avec de la soupe de légumes.

Puis j'avais la chance de porter des lunettes. C'était le combo gagnant : cela me donnait un air un peu niais et surtout, déjà à l'époque, les lunettes étaient assimilées à l'intello… quelle horreur !

Autant dire qu'il ne fallait pas que je tombe dans ce travers. De toute façon, la place était déjà prise dans la famille : ma sœur jouait le rôle à la perfection. Il n'était pas utile que je me fasse griller les neurones pour prouver que moi aussi j'avais des capacités. D'ailleurs, je n'en avais pas conscience.

Très vite, j'ai été convaincue que je n'avais pas de capacités. C'est très facile de convaincre un enfant qu'il est nul, un enfant remet rarement en question le jugement des adultes.

Selon l'éducation que l'on a reçue, on va se conformer à celle-ci sans réfléchir plus loin. Je me rappelle ces longues soirées à faire les devoirs, à réciter ou en tout cas essayer. Je me rappelle les crises de nerfs de ma mère qui ne comprenait pas pourquoi chez moi ça ne rentrait pas, je me rappelle que je me balançais, je faisais le poirier. Je n'arrivais pas à tenir en place mes bras, mes jambes bougeaient dans tous les sens alors qu'elle me demandait de rester calme et de rester concentrée. C'était juste impossible pour moi.

Si vous avez des enfants qui bougent dans tous les sens pour apprendre, réciter : laissez-les faire. Les apprentissages s'intègrent de diverses manières.

Alors entre les moqueries, les coups et les vestes qui étaient dessinées dans le dos, les pompons qui étaient déchirés, qui étaient découpés ; je peux dire que j'ai peut-être de la chance que ma queue de cheval n'ait pas été coupée elle aussi. Ma mère raccommodait, ma mère nettoyait et puis il y a eu un jour où la demande a été beaucoup plus importante que d'habitude.

Face à cette exigence, j'ai compris que je ne pourrais pas faire face. Ce jour-là à 11 h 30 je suis rentrée chez moi et j'ai commencé à simuler un mal de ventre. Je ne voulais pas retourner à l'école l'après-midi, je savais que je ne pouvais pas emmener à l'école ce que les autres enfants exigeaient de moi. Ma mère, qui n'est pas du genre à me faire sécher l'école sans motif valable, n'a rien voulu entendre cependant, elle voyait bien qu'il y avait quelque chose. J'ai fini par lâcher le morceau : les enfants de l'école me demandaient d'amener une boite de malabars. Il faut savoir qu'une boite de malabars, ça représente à peu près 300 malabars. J'étais fille de commerçants, commerçants alimentaires, plus précisément, et les enfants pensaient naïvement que je pouvais me servir joyeusement dans tout ça et que cela ne posait pas de problème. Alors oui, je pouvais prendre 1, 2, 10 bonbons, mais clairement je ne pouvais pas amener une boite de malabars ; c'est un petit peu comme si l'on demandait à un conseiller bancaire de vider le coffre de la banque.

Lorsque j'ai annoncé cette demande à ma mère, elle m'a répondu : eh bien, on va voir ce qu'on va voir ! Et l'on a vu. À 13 h 30, elle m'a accompagné à l'école, chose qu'elle faisait rarement ; si vous avez déjà vu un film de western ; vous savez ces fameux duels ou les 2 protagonistes se font face. Eh bien, la scène ressemblait à ça : lorsque nous sommes arrivées toutes les 2, les autres enfants m'attendaient, alignés, sur le bout de route qui passait devant l'école. J'en rigole maintenant quand je repense à la scène, mais à ce moment-là je tremblais de peur. Lorsque les enfants m'ont vu arriver, accompagnée, ils ont bien compris que quelque chose avait dérapé. Ils ont fui comme une volée de moineaux dans les toilettes de l'école.

Ma mère avait décidé qu'elle ne quitterait pas le lieu avant d'avoir discuté avec le maître, ce qu'elle fit.

Évidemment, il n'avait rien vu, il ne comprenait pas de quoi elle parlait ; comment ses élèves auraient-ils pu avoir un tel comportement ?

Dans le doute, il m'a demandé de rester à côté de lui pendant les récréations, pendant ces périodes où il ne pouvait pas être derrière chaque enfant. Ce que j'ai fait en tout cas sur cet après-midi-là parce que lorsque je suis sortie à 16 h 30, il n'y avait plus d'adultes pour surveiller. Il n'y avait plus d'adultes pour intervenir et ce jour-là je suis arrivée chez moi avec les lèvres enflées parce que je m'étais pris quelques coups ; car je n'avais pas rempli la mission que les autres enfants attendaient de moi.

Il y a eu aussi cette fois où le caïd de l'école, qui devait déjà avoir redoublé, car il me paraissait bien grand et âgé, me regarda droit dans les yeux et posant son index contre mon torse il prononça cette phrase : « ce soir, on va aller tuer ta grand-mère ». J'étais en primaire dans un village de 300 habitants où tout le monde connaît tout le monde… Puis il y a eu cette fois aussi où à la sortie de l'école, à 16 h 30, je posais mon cartable pour jouer 5 minutes avec un autre enfant, parce que, et heureusement, tous les enfants ne sont pas des futurs Voldemort en puissance ; quand je revins pour récupérer mon cartable… il avait disparu ! Tremblante et en larme, j'ai fouillé les alentours, je savais que l'heure tournait et que ma mère devait se demander où j'étais passée… Je l'ai finalement retrouvé derrière un mur en contrebas au milieu des ronces et des orties. Une chance qu'ils ne me l'aient pas mis dans la rivière...

Face à cette situation, ma mère a décidé d'intervenir auprès des parents. Sans surprise, elle se fit moquer d'elle : il est rare que les parents aient envie d'entendre que leurs enfants ne soient pas parfaits. À partir de là, j'ai compris que mon salut ne viendrait pas de la part des adultes ; à partir de là, j'ai compris que si je voulais que la situation change il faudrait que moi aussi je change ; car il n'y avait que 2 options, soit je restais une victime, soit je devenais une méchante.

Une méchante ça ne veut pas forcément dire une prédatrice. Ça veut simplement dire changer de camp. Dans l'observation du harcèlement scolaire, il y a au moins 3 groupes : il y a la victime, il y a le ou les harceleurs, et il y a un autre groupe qui se divise en 2 encore ; il y a les suiveurs et il y a les passifs. Les suiveurs, ce sont ceux qui vont se ranger du côté des méchants et les passifs ce sont ceux qui voient, qui savent, mais qui se taisent parce qu'il y a une sorte d'omerta. Il y a quelque chose qui incite les passifs à ne rien dire pour ne pas devenir à leur tour des victimes. Les suiveurs ont compris que s'ils font partie du groupe des méchants, ils se feront respecter.

Alors j'ai réfléchi à : comment pouvais-je changer de camp ?

L'opportunité s'est présentée un jour alors que j'étais chez mes grands-parents. Je découvrais, avec stupéfaction, que mon grand-père maternel était un ancien fumeur. Je ne l'avais jamais vu avec une cigarette à la bouche. Je trouvais donc un trésor là : un paquet de cigarettes entamé, des blondes avec filtre, 20 ans d'âge au moins. C'était risqué. C'était osé. Mais ça valait le coup d'essayer. J'étais en primaire, en CM 2, et ce lundi-là, j'ai montré ma trouvaille au caïd de l'école et dans ses yeux j'ai vu que la donne avait changé. Maintenant, il fallait aller jusqu'au bout : nous nous sommes retrouvés à plusieurs dans les toilettes de l'école à tenter de fumer ces cigarettes. On aurait fumé de la paille ou des herbes de Provence il y aurait eu certainement plus de goût. Quoi qu'il en soit à ce moment-là j'avais trouvé mon ticket pour sortir de ce triangle infernal de la « victimittude ».

Il va de soi que lorsqu'on bascule dans l'autre camp on va devoir être confronté à des comportements que l'on n'aurait jamais eus/vus en temps normal. C'est par exemple faire des appels anonymes à des personnes qu'on ne connaît pas. Bien sûr, je vous parle d'une époque où il existait encore des cabines téléphoniques avec des pièces. Je ne vais pas décrire toutes les scènes que j'ai pu voir, je peux juste vous dire que les enfants ne sont pas des Anges.

Pour ceux qui pensent que c'est impossible... je vous assure que certains enfants ont de vrais troubles mentaux. Et pour d'autres, c'est un problème éducatif, environnemental.

J'ai moi-même, en tant que parent, été confronté à une situation douloureuse concernant le comportement de ma fille. À ce moment-là, j'avais deux choix : soit, je refusais de voir, d'entendre la problématique, soit j'y faisais face. J'ai choisi la deuxième option.

Bien évidemment, l'aspect scolaire était passé à l'arrière-plan, je pourrais même dire que j'avais complètement décroché. Lorsque nous sommes partis en 6e, les CM2 et moi-même, la majorité d'entre nous a redoublé. Du coup, je peux en déduire que soit nous étions tous nuls, soit il y avait un problème au niveau des apprentissages. En tout cas, cette première 6e, en ce qui me concerne, a été compliqué. Pas forcément au niveau relationnel, pour une fois, mais comment dire que dès la première classe au collège, ma moyenne se situait entre 0 et 5 sur 20. C'était mal parti. La deuxième 6e ne s'est pas révélée meilleure. Il y avait une certaine constance chez moi avec une certaine fidélité dans l'échec.

Puis nous avons déménagé, nous sommes partis à la grande ville. Je suis passée en 5e. On va dire qu'au niveau relationnel j'avais posé les bases ; je m'étais construit un faux self[iv] qui faisait illusion, et finalement peu de personnes savaient vraiment qui j'étais au fond de moi derrière les masques, ni les copines, ni les soi-disant amis, ni même ma famille. Cette carapace que j'avais élaborée dès l'enfance était tellement épaisse, que moi-même j'arrivais à l'oublier, et je m'identifiais à elle.

C'est bel et bien un des risques lorsque l'on tente de s'échapper d'une réalité trop douloureuse. On se fabrique un autre soi-même, une façade, une vitrine. Rares sont ceux qui iront au fond du magasin. Rares sont ceux qui iront au-delà de la couverture d'un livre, au-delà de son résumé et pourtant, si l'on veut vraiment connaître quelqu'un il va falloir gratter, il va falloir dépasser les premières couches superficielles ; et encore plus chez les personnes qui ont vécu une forme ou des formes de harcèlement. Et encore plus chez les personnes qui sont dotées d'un haut potentiel intellectuel, parce que ces personnes-là ont l'intelligence de savoir se cacher.

Pendant cette période au collège autant scolairement je ne m'y retrouve pas, autant il doit y avoir quand même certaines choses qui viennent s'intégrer en moi. Je suis une autodidacte et je fais mes propres recherches. En tout cas à l'époque je fais mes recherches avec les moyens du bord. Les livres dans la bibliothèque familiale.

À ce moment-là avec une copine on se lance un pari : et si nous écrivions une histoire type Harlequin ?

Vous savez ces histoires d'amour qui commencent toujours de la même façon et qui finissent toujours de la même façon ? Ils ne s'entendent pas, mais finissent par se marier et avoir 2 enfants.

En ces temps-là, je lis des romans Harlequin en quantité astronomique, j'en lis plusieurs par mois voire par semaine et pour mon amie c'est pareil. Mais nous n'avons pas les mêmes attirances, personnellement, j'aime les histoires qui se passent dans le milieu médical ou le milieu surnaturel alors qu'elle, elle aime les histoires du passé avec princesses et châteaux forts. Parce qu'il faut savoir que dans la catégorie Harlequin, il y a plusieurs sous-catégories, donc on se lance cet enjeu.

Un livre écrit à la main !

Une semaine plus tard, je lui amène mon cahier avec mon histoire et, elle, elle m'avoue qu'elle galère : elle est partie sur un thème historique, mais elle est coincée ; alors je lui propose de l'aider. Évidemment, ma solution est toute trouvée, il faut sortir de ce passé, de cette histoire, pour revenir au présent ; bref, je crois que c'est à ce moment-là que mon attirance pour la lecture et pour l'écriture prend forme.

En fait, il y a plusieurs choses qui se passent à ce moment-là dans ma vie. Il y a cette attraction vers le monde de l'écriture, il y a aussi ma vie personnelle. Je suis une jeune adolescente et bien évidemment je suis attirée par les garçons, mais d'une manière générale ma vie est celle d'une adolescente. Je pense qu'à cette époque-là, je suis encore un peu naïve et je veux croire que parmi les adultes, je peux trouver du soutien ; donc lorsque je vais trouver ma prof de français de l'époque avec mon cahier, dans lequel j'ai écrit mon histoire Harlequin, j'espérais au moins qu'elle y accorde un tout petit peu d'attention. Ce ne fut pas le cas. Non seulement elle a refusé de le lire, non seulement elle n'a pas vu l'opportunité que je lui proposais : à savoir me découvrir autrement que dans sa classe, en tant qu'élève. Non, la seule chose qu'elle a su me dire c'est : tu ferais mieux de réviser et tu ferais mieux de t'occuper de tes devoirs.

À ce moment-là, j'ai compris que même parmi le corps enseignant il y avait des ignorants qui s'ignorent et ceux-là ce sont les pires ; ces enseignants qui croient savoir, ces enseignants qui croient avoir compris, mais en réalité ils sont juste formatés, en réalité ils ont du savoir, mais ils ne sont pas intelligents. Parce qu'il ne faut pas confondre le savoir et l'intelligence.

Ce sont 2 choses complètement différentes. Ce n'est pas parce qu'on a un bac + 8 qu'on est intelligent et ce n'est pas parce qu'on a arrêté à l'école à 12 ans que l'on est bête.

Certains cumulent savoirs et intelligence et pour d'autres, c'est mitigé. Le savoir, c'est ce qui a été appris et mémorisé. C'est notre bibliothèque personnelle en quelque sorte. L'intelligence, c'est la capacité à faire des liens entre diverses données qui en apparence peuvent sembler éloignées. Certains diront que c'est la pensée divergente. La meilleure image qui me vient à l'esprit, c'est d'avoir 35 onglets ouverts dans son moteur de recherche et être le seul à comprendre ce qui les relie.

Je suis en 3e et je me rends compte que j'apprends beaucoup plus de choses en dehors du collège qu'assise de longues heures à écouter des profs qui sont inintéressants. Les cours magistraux ne sont pas faits pour tout le monde. Non, tous les élèves n'ont pas envie de passer des heures à écrire des pages et des pages d'inutilités. Pour moi le collège, c'est avant tout un lieu où je retrouve des copines.

Pour l'aspect apprentissage je me documente chez moi, je découvre énormément d'évènements en lisant « Autant en emporte le vent » « Nord et Sud » ou encore « Angélique, marquise des Anges ». Je me passionne pour l'histoire américaine et tout particulièrement la guerre de Sécession, l'esclavagisme des noirs. À ce moment-là, je ne mesure pas encore pleinement la puissance de la suprématie blanche. Avec Angélique, je découvre l'histoire de France, en tout cas l'histoire officielle. C'est ce que j'aime dans ses romans, il y a une base historique qui existe. Même si plus tard mes recherches me feront remettre en question une partie de l'histoire qui est racontée dans les livres. Comme on dit, l'histoire est écrite par les vainqueurs, cela ne signifie pas qu'elle est vraie.

En parallèle de ses lectures, je lis aussi des brigades mondaines, des SAS[v]. L'univers de San Antonio[vi], l'univers des livres policiers va me permettre de comprendre la corruption et quelquefois les violences policières.

Je suis en 3e et j'ai déjà 2 ans de retard et je n'ai aucun doute sur mon niveau intellectuel, je suis persuadée d'être nulle. Étant douée en dessin et ayant une attirance pour le monde de la coiffure, c'est tout naturellement que je vais me tourner vers cet horizon professionnel.

Bon, il y avait d'autres domaines qui m'attiraient et où j'aurai pu possiblement me démarquer comme les beaux-arts ou encore l'écriture. Vous ai-je dit qu'un ami de la famille, prof de philo à la Sorbonne à Paris, avait lu mes écrits et avait été positivement surpris ? Au point même, de me donner quelques conseils d'écriture et de révéler à ma mère mon potentiel ? Bien, tout ceci est resté lettre morte, car pour ma mère la vie d'artiste n'est pas une vraie vie ! Ça aussi, c'est un problème...

Dans un premier temps, je vais chercher un apprentissage classique, mais je vais devoir me rendre à l'évidence, les coiffeurs n'embauchent pas, alors il reste la possibilité des écoles de coiffure payantes. Mes parents n'ont pas les moyens financiers d'assurer cette charge financière. Je vais donc passer l'été entre la fin de la 3e et le début du CAP dans une coopérative fruitière où je vais travailler quasiment 3 mois puisque la rentrée des classes a lieu fin septembre. Pour resituer l'histoire, j'ai été admise dans cette école privée, uniquement grâce à mes notes en dessin en tout cas c'est ce que l'on m'a dit. J'apprendrai plus tard que dès lors qu'on paye peu importe le niveau, peu importe le dossier, tout ce qui compte c'est le chéquier.

Pendant ces 2 ans, je vais vivre une sorte de rêve : dans cette école, je vais enfin trouver ma place. Non seulement je suis douée en dessin, mais en l'espace de 3 mois toutes mes notes, toutes matières confondues, vont se situer entre 15 et 20 sur 20.

Ma propre mère n'y comprend rien : comment est-ce possible ?

À l'heure d'aujourd'hui, il y a une seule réponse : c'est la motivation. Je voulais faire cette école de coiffure. Dès l'instant où j'intègre cette école, je vais me donner les moyens de réussir, pas seulement parce que je paye une partie de mes études, mais parce que j'en ai envie et alors tout est simple. Avec le recul, je n'ai pas l'impression d'avoir fourni beaucoup d'efforts. Pendant ces 2 ans, je vais participer à des concours en tant que coiffeuse, en tant que modèle ; je vais découvrir l'univers des paillettes, de la beauté, je vais aussi découvrir que c'est un milieu qui est particulièrement ouvert aux hommes. D'ailleurs, la plupart des grands coiffeurs sont des hommes. Je vais passer mon CAP et le réussir.

D'une certaine manière, je suis sur la voie de lancement, mais si j'ai eu du mal à trouver un maître d'apprentissage, c'est encore plus difficile de trouver un patron en sortant d'une école privée. Encore un paradoxe, encore la preuve que ce monde marche à l'envers : lorsque je cherchais un maître d'apprentissage les patrons me répondaient qu'ils ne prenaient que des ouvrières ; maintenant que j'étais ouvrière, ils me répondaient qu'ils ne prenaient que des apprentis. Alors que j'étais déjà très remontée envers les adultes, ma colère est montée d'un cran supplémentaire, cette fois c'était le monde du patronat qui était dans mon viseur.

Comment cette société pouvait-elle évoluer dans le bon sens si déjà ceux qui la composaient ne se remettaient pas en question ?

Comment pouvait-on reprocher à des jeunes de sortir d'une école privée alors que 2 ans plus tôt on leur avait fermé la porte d'un apprentissage classique ?

Toutes ces incohérences me rendaient folle. Après un an de non-action, j'ai enfin trouvé un employeur, une femme. À 2 h de chez moi, pour un contrat de qualification.

Un contrat de qualification, c'est comme un contrat d'apprentissage : il y a une partie du temps qui se passe dans un centre d'apprentissage et l'autre partie dans un salon. Cela veut dire un salaire diminué. Cela veut dire, lorsque l'on n'habite pas sur place, qu'il faut trouver un appartement, qu'il va falloir payer un loyer, des assurances, qu'il va falloir se déplacer, qu'il va falloir posséder un véhicule. Cela veut dire, qu'à la fin du mois non seulement il ne reste rien financièrement, mais en plus il faut avoir des économies sinon ce n'est pas possible. C'est ainsi que pendant un peu plus d'un an j'ai vu mes maigres économies fondre comme neige au soleil. De plus pendant cette période les problèmes relationnels ont refait surface. Mes années collège m'avaient fait oublier, un tout petit peu, ma capacité à me faire harceler. Faut croire qu'une problématique, si elle n'est pas réglée, elle nous revient. Et cette fois, j'étais adulte. Faire face à la jalousie, à la mesquinerie, je n'étais pas prête.

J'étais arrivée à passer outre l'éloignement avec mon copain de l'époque, la solitude des soirées, les allers-retours pour suivre les cours… Et un jour, en revenant de mes congés, j'ai appris froidement que je ne pourrai plus faire l'ouverture ni la fermeture du salon. J'ai demandé des explications et là… la douche froide. La jeune préapprentie m'avait descendue en flèches pendant mon absence et s'était montrée convaincante. Dans son regard, j'ai vu briller la flamme de la convoitise. Cependant, mon côté rebelle était toujours là et sans prévenir personne j'ai commencé à chercher une place ailleurs, dans un autre salon. Je savais qu'en cassant mon contrat de qualification j'allais me mettre à dos le syndicat de la coiffure. L'avenir m'a fait sourire quand quelques mois après mon départ mon ex-patronne m'a appelé pour me dire à quel point elle s'était trompée. Oui. C'était trop tard... pour elle et pour moi. Le mal était fait.

Encore très naïve, lorsque j'ai trouvé une nouvelle patronne qui me proposait une place d'ouvrière avec un salaire complet, quasiment à côté de chez moi, je n'ai pas hésité, j'ai démissionné.

Ce fut la plus grosse erreur que j'ai faite. En à peine 6 mois, cette femme avait réussi à me mettre plus bas que terre. Entre-temps, j'avais rencontré celui qui allait devenir mon premier mari et lorsqu'il me voyait partir au salon la boule au ventre, en pleurant parfois, il me faisait part de son incompréhension ; comment pouvais-je accepter de me soumettre de cette façon ?

Elle m'a fait passer par tous les stades. Les attaques physiques : mon parfum ne lui plaisait pas, mon déodorant ne lui convenait pas, mon maquillage était trop ceci, mes chaussures pas assez cela... Les attaques psychologiques, devant les clientes, elle m'interpellait : *bin alors, vous vous endormez sur le morceau ?!* Ou alors, quand une cliente s'exclamait : waouh, j'adore cette coiffure ! Elle arrivait, me prenait brosse et séchoir, s'adressait à la cliente en disant : *ou lala ! je vais réparer les dégâts !*

C'était à un point que même les clientes étaient mal à l'aise. J'ai fini par comprendre qu'elle était jalouse : son mari était un peu trop aimable avec moi.

Et je me suis soumise jusqu'à ce que mon corps se mette en stand-by. Je cumulais toutes sortes de problèmes de la cystite aux anthrax à tel point que j'ai dû me mettre en arrêt. Et petit à petit, aller au salon était devenu une torture alors encore une fois j'ai décidé de démissionner. Quand, j'ai fait mon annonce, elle a joué les ingénues, mais je lui ai dit que je n'étais pas dupe.

Je n'avais pas trouvé d'autres employeurs, cette fois-ci j'avais choisi de me lancer comme coiffeuse à domicile ; de cette façon plus de harcèlement, plus de critiques, et surtout ma liberté qui était une valeur essentielle pour moi.

Cependant, prendre ce genre de décision, qui peut paraître en apparence une bonne idée… est en réalité un piège. Pas le fait de quitter une place où le harcèlement et la menace sont de mise… non. Prendre cette décision et ne pas chercher à comprendre ce qui se joue à ce moment-là.

Pourquoi cette situation revient-elle ? Pourquoi se reproduit-elle ?

Car la vie nous instruit. Elle nous permet de saisir que nous portons des casseroles qui sont parfois les nôtres, et quelquefois… celles de nos ascendants.

Cette histoire de harcèlement fait partie des patates chaudes qui m'ont été transmises par les générations du dessus, mais à ce moment-là je ne le comprends pas.

Je vais ainsi passer quelques années de répit. Puis, une péripétie en amenant une autre, je divorce, me retrouvant avec deux enfants à charge et assistante maternelle. Parce que travailler à son compte dans les années 1990, ce n'est pas simple et encore moins avec des enfants. Le choix de devenir nounou est rythmé par ma volonté de rester avec mes enfants, d'être là. Présente.

Du coup, lorsqu'en 2000, je me retrouve seule, je dois trouver un emploi et celui que je vais avoir va me catapulter face à mes difficultés. Relationnelles. Encore une fois, je me retrouve à me faire humilier, balader. Mais cette fois-ci, j'ai plus de 30 ans et j'en ai marre.

Cependant, il me faudra encore quelques années pour réellement creuser cette problématique. En 2001, je rencontre celui qui va devenir mon second mari. En 2002, nous envisageons de vivre ensemble ; pour moi, cela signifie déménager, quitter le village dans lequel je vis, changer d'environnement. Cela signifie, pour mes filles, changer d'école. Bref, cela signifie un changement majeur dans ma vie, dans nos vies à toutes les 3. En 2003, je me retrouve enceinte pour la 3e fois et il va se passer un évènement qui va venir bouleverser ma ligne du temps, mon rapport à la vie.

À la suite de cette épreuve, je vais découvrir l'importance des croyances, la puissance de l'inconscient, les liens invisibles qui m'unissent à mes ascendants. Cette introspection va m'amener à entrevoir d'autres possibles et si je comprends quantité de choses, il me faudra encore une autre péripétie pour vraiment évoluer. En 2005, je vais avoir une fille qui va se révéler différente ; tellement différente qu'au début je vais penser qu'elle a un problème.

Si pour moi l'école était une perte de temps pour elle, c'est pire. Pire dans le sens où elle comprend les consignes avant même qu'elles aient été données. Contrairement à moi qui étais cataloguée de cancre, de son côté elle est considérée comme en avance. Évidemment, on m'informera de ses capacités que lorsque la situation deviendra invivable. Elle est en CE2, et après une toute petite enfance, particulièrement compliquée, que ce soit avec les autres enfants, que ce soit avec ses sœurs, que ce soit avec les adultes ; je prends la décision de la faire tester, car je me demande si elle n'est pas HPI, à savoir haut potentiel intellectuel.

Mais pour en arriver là, face à la situation, j'avais décidé de rechercher des informations sur le harcèlement scolaire ; et c'est au fil de mes recherches que je suis tombée sur le sujet de l'instruction en famille. À mon grand étonnement, je découvrais que l'école n'était pas obligatoire. C'était l'instruction qui était demandée. Dans ma tête, je commence à envisager l'éventualité de déscolariser ma fille. Je me retrouve sur des forums, sur des groupes, sur les réseaux sociaux, je pose des questions, je décris notre situation, et là j'ai des réponses où l'acronyme HPI apparait. Pour moi, HP, cela signifie hôpital psychiatrique, donc forcément je demande un peu plus d'explications et là on me répond Haut Potentiel Intellectuel. Perplexe, je rétorque à ces personnes que c'est impossible ; moi-même, j'ai redoublé 2 fois, je ne suis pas une lumière et le père de ma fille a stoppé ses études, niveau bac. Autant dire que dans la famille, personne ne brille par la réussite scolaire. C'est là que je vais découvrir que 1/3 des HPI sont en échec scolaire.

Voilà encore une idée préconçue qui passait à la poubelle. Dans mon imaginaire, je supposais que toutes ces personnes qui passaient le bac à 12 ans étaient forcément des vrais singes savants. En me plongeant dans l'étude de la douance, je découvrais qu'il n'en était rien. Bien sûr, une partie des gens, des élèves, des enfants, auront cette capacité, auront cette curiosité, auront cette volonté, mais une autre partie révélera son potentiel ailleurs qu'à l'école. C'est ainsi que l'idée de tester ma fille avec un test de QI est apparue. Elle était en CE2 et le but n'était pas forcément de trouver un haut potentiel ; l'objectif était de trouver ce qui clochait et ce test était la première étape. Ce fut la dernière.

Puisque le résultat nous a prouvé à nous 3, ma fille, son père et moi-même, que tout se trouvait dans les résultats de ce test. Oui, tout se trouvait dans ces chiffres et surtout dans le compte rendu que la psychologue nous avait fourni. Pendant l'entretien, elle nous avait fait part du fonctionnement de notre fille ; pour elle, il était évident que « C » avait intégré l'idée qu'elle était différente. Pour la psychologue, c'était plutôt une bonne chose, cela signifiait que notre fille ne cherchait pas à rentrer dans le moule, en revanche elle était dans l'attente que les autres deviennent comme elle. À l'issue de ce rendez-vous, il avait été préconisé que « C » saute une classe et qu'elle passe donc en CM1. Du coup, la première chose à faire était de prendre rendez-vous avec la maîtresse pour lui parler de ce qui se passait avec « C » et de notre désir de la faire glisser en CM1. Il va de soi que notre fille attendait énormément de ce passage en classe supérieure.

Par chance, elle était dans une classe multiniveau et donc il n'y avait pas de difficultés logistiques réelles. Il s'agissait juste de la changer de place dans la même classe. Contrairement à ce que je pensais, l'institutrice ne trouva rien à redire. Pour elle, c'était une évidence. Pour moi, c'était une surprise. Pourquoi, depuis que ma fille avait attaqué l'école, pourquoi depuis la maternelle, aucune enseignante ne m'avait prévenu de ce qu'elles avaient observé ? Pour moi, le monde de la douance était une nouveauté.

J'apprenais, avec stupéfaction, que ma fille avait une capacité de réflexion, de compréhension, qui dépassait la norme, et ce depuis de nombreuses années. Sûrement parce que nous raisonnions de la même façon, je ne m'étais jamais imaginé qu'elle était à ce point décalée. Avec le recul, je dois bien avouer que sa façon de parler, ses questions, sa façon d'être au monde, n'étaient pas tout à fait pareilles que les autres enfants. Elle pouvait surprendre les adultes avec des questions dérangeantes, avec un point de vue qui n'était pas attendu chez un enfant. Toutes les 2, nous étions comme des miroirs ; à travers elle, je comprenais ma propre histoire, à une différence près, elle trouvait sa place dans le milieu scolaire alors que moi je ne m'y étais jamais intégré. Le passage en CM1 s'est accompagné de quelques piques, de quelques moqueries, parce que les autres enfants n'ont pas vraiment compris pourquoi « C » changeait de place dans la salle de classe. Nous étions repartis pour une forme de harcèlement : le délit d'intelligence.

À peine, une semaine en CM1, et les problèmes étaient à nouveau de retour. Comment avais-je pu espérer que ce changement de niveau serait bénéfique étant donné que depuis l'entrée en CE2, ma fille faisait systématiquement les devoirs attendus jusqu'au CM 2. La réalité, c'est qu'au bout de 2 semaines, le cartable restait de nouveau dans la voiture. Avec ce changement de niveau, « C » avait espéré un peu plus de difficulté. Il n'en était rien. Moi-même, j'étais choquée par l'attitude de l'institutrice ; en 3 jours, « C » avait récupéré la valeur de 3 mois d'école, elle avait fait tous les contrôles que les autres enfants avez fait les 3 mois précédents. Ce qui m'a mis le plus en colère, c'est que la maîtresse ait refusé de les corriger. Si elle, en tant que maîtresse, refusait de le faire alors qui en avait l'autorité ? Si c'était à moi de m'y coller, autant faire l'école à la maison.

Outre les autres enfants qui se moquaient ouvertement de ma fille, il y avait ce problème de décrochage scolaire que je devais prendre au sérieux. En clair si je laissais ma fille dans cette école pour faire son CM 2 elle allait partir à la dérive. C'est à cette époque, que j'ai entendu parler d'un collège qui proposait un cursus spécial HPI. La seule ombre au tableau, c'est que cet établissement scolaire se trouvait à 2 h de route de notre domicile ; cela signifiait également sauter le CM 2 et une rentrée en 6e à 9 ans et demi pour « C ».

Dans ma grande naïveté, je supposais que des enfants ayant les mêmes caractéristiques se montreraient plus bienveillants, plus empathiques. Je suis tombée de haut, apparemment, avoir un QI qui dépasse 130 n'est pas synonyme d'intelligence émotionnelle, bien au contraire. Alors que « C » était dans une classe spéciale, encore une fois elle a dû faire face au harcèlement. C'était un autre type de harcèlement, cette fois-ci il s'agissait d'avoir plus de 15/20. En gros, c'était à celui qui était le plus intelligent. Alors qu'elle était en primaire, les autres enfants lui reprochaient de ne pas être comme eux et là dans une classe spécifique c'était la même chose. À cela, il fallait rajouter l'éloignement familial, qu'elle a très mal vécu.

Si c'était à refaire, je ne sais pas ce que je ferai autrement ? La situation était tellement compliquée, complexe, que même avec le recul je ne sais pas quelle aurait été la meilleure solution. « C » est restée 2 ans dans cet établissement scolaire. Elle y a passé la 6e et la 4e ; dans ce cursus spécial HPI, le collège se fait en 3 ans : le programme de 5e est éclaté entre la 6e et la 4e.

À cette époque-là, et à la suite de problèmes familiaux personnels, nous prenons la décision de faire revenir « C » dans un établissement scolaire qui se situe à côté de notre domicile. Notre choix n'a pas été très bien interprété ni même très bien compris, puisque nous passions d'un établissement « élitiste » avec un cursus spécial à un établissement ouvert aux élèves en difficulté. En clair, « C » allait se retrouver dans une 3e prépa pro ou encore une 3e agricole. Elle avait 3 ans d'avance, un niveau scolaire bien au-delà de ce qui était attendu par l'établissement scolaire. Nous avions fait ce choix pour permettre à notre fille de se poser, de reprendre confiance en elle, de renouer avec son environnement, et ça lui a fait du bien.

Cette année-là, elle s'est retrouvée première de la classe et son égo a repris un peu du poil de la bête. Ses capacités cognitives lui ont permis de réintégrer un cursus normal à partir du lycée, sans problème. Les années lycée sont, d'après elle, ses meilleures années.

Au fil du temps, et en grandissant, le fossé qui la sépare des autres élèves a tendance à s'aplanir. Au lycée, elle reste celle qui a 3 ans de moins ; cependant physiquement elle change et elle arrive à faire illusion. Certes, il reste encore quelques petites piques, mais dans l'ensemble le problème du harcèlement s'est arrêté. Est-ce que ce problème s'est arrêté de lui-même ? Non.

Pour sortir de ce problème qu'est le harcèlement, nous avons travaillé sur la posture, sur l'attitude, sur l'effet miroir[vii]. Est-ce que ma fille est allée voir un professionnel, type psychologue, pour l'aider à mieux se comprendre ? Non.

Nous avons fait appel, dans ses jeunes années, à une aide parce qu'à l'époque, j'étais moi-même dans l'incapacité de faire cet accompagnement : les difficultés de ce moment-là n'étaient pas liées au harcèlement. Il s'agissait de gérer un deuil. C'est la seule époque où j'ai fait appel à quelqu'un qui se situait à l'extérieur de la famille.

En ce qui concerne le harcèlement scolaire et psychologique, j'avais compris que notre fille incarnait à son tour les problèmes que nous n'avions pas réglés à notre époque. Il était temps de le faire.

Comprendre l'effet miroir c'est sûrement la base pour pouvoir sortir de toutes sortes de problématiques. J'expliquais à ma fille que si moi-même j'avais été une victime, dans le passé, c'est parce que j'avais laissé faire. Je lui expliquais que lorsque l'on est enfant nous n'avons pas toujours la possibilité, le choix de nous exprimer et lorsque nous pouvons le faire il arrive que nous ne soyons pas entendus ; alors s'installe en nous une croyance, comme quoi, nous méritons ce qui nous arrive, nous méritons d'être punis, notre parole n'a pas de valeur, notre témoignage ne compte pas nous nous fourvoyons alors dans ce rôle de victime. C'est la partie la plus difficile à accepter. Accepter que nous soyons partie prenante dans ce qui nous arrive. Toutes les personnes, qui font la démarche de se faire accompagner dans le cadre du harcèlement, entendront la même chose ; pour que l'extérieur change, pour que les situations changent, pour que les relations changent il faut se changer à l'intérieur. Tant que l'on reste dans ce triangle de Karpman[viii], aucune solution ne peut être envisagée.

Ce travail personnel sur la posture est vraiment la base pour arriver à dépasser ses peurs, pour arriver à se positionner, non pas en force, mais avec confiance.

Il m'a fallu de longues années pour pleinement saisir l'importance de l'estime de soi.

Comment se mettait en place celle-ci ou comment était-elle limitée, justement ?

Pendant des années, je me suis réfugiée dans l'opposition, dans la répartie ironique, voire moqueuse.

C'était une façon de me cacher et de ne pas me poser les bonnes questions : que pouvais-je changer en moi, dans mon comportement, mes croyances pour qu'enfin je puisse être, ressentir, interagir, sans me laisser détruire ?

Sortir de la notion de la culpabilité pour intégrer celle de la responsabilité. Le triangle de Karpman c'est : une victime, un bourreau, un sauveur. Nous tournons en boucle en portant à différents moments ces casquettes, qu'on le veuille ou non. Nous avons tous été à un moment donné des agresseurs, comme dit le proverbe : l'enfer est pavé de bonnes intentions. Ou nous avons tous joué le rôle du sauveur en pensant que c'était bien. D'une manière générale, nous préférons jouer le rôle du sauveur, car c'est plus agréable, plus flatteur... La réalité, c'est que pour sortir de cette triangulaire, il est nécessaire, déjà de prendre conscience de son existence. Adopter la position de l'aigle, c'est prendre de la hauteur. Ainsi nous pouvons voir notre part de responsabilité dans ce qui nous arrive. Et si en étant bébé, enfant, nous ne sommes pas assez aguerris, mal accompagnés sur ce cheminement, une fois adulte, c'est de notre responsabilité de faire un reset ou une réinitialisation de notre système.

C'est ce que j'ai fait. Tout en intervenant auprès de ma fille, j'ai restauré mes propres schémas d'actions/réactions. Et contrairement aux apparences, ce n'est pas aussi simple que cela de procéder à des changements internes. Notre cerveau a tendance à attendre que le changement vienne de l'extérieur parce que faire un changement interne cela demande un effort conscient.

C'est comme lorsque l'on apprend à conduire, au début les gestes, notre attention, doivent être et devraient rester dans l'instant présent. Lorsque l'on apprend à conduire, on doit intégrer le passage des vitesses, la tenue du volant, la bonne gestion des rétroviseurs, l'appréhension de l'environnement, les pédales ; c'est un ensemble de gestes qui nous demande une grande attention au début. Et une fois que toute cette gestuelle est acquise, nous passons dans le « savoir » cela signifie que nous faisons appel à notre inconscient. Pour que cet apprentissage passe au stade inconscient, il a fallu d'abord tracer des voies neuronales, et ces voies neuronales se forment à force de répétition. C'est également ainsi que l'enfant intègre toutes sortes d'apprentissages ; il est dit dans la littérature spécialisée qu'il faut répéter 7 fois un geste, une parole, pour que l'apprentissage s'installe. 7 fois, c'est la norme, pour les personnes à haut potentiel une fois peut suffire, 3 fois, maximum.

Développer son estime de soi n'échappera pas à la règle, car pour que cela marche il faut que le cerveau l'intègre et quand je dis le cerveau, je parle de la partie inconsciente. Car la plupart du temps, c'est cette partie-là qui est aux commandes. Et il ne suffit pas de vouloir changer pour que cela fonctionne. Il va falloir convaincre cette partie de nous que nous sommes réellement prêts à changer. Il y a plusieurs chemins pour y arriver : certains vont passer par le sport, par la compétition, pour acquérir une confiance en soi qui sera le résultat de gains, de réussite, de médailles ; cependant si l'on enlève tous ces attributs de réussite, que reste-t-il ?

Si la réussite se calcule en nombre de médailles, de coupes, de nombre de podiums, si tout cela disparaît ; la confiance est-elle toujours là ?

La question mérite d'être posée, car bien trop souvent je vois des personnes développer une grande confiance en eux, mais qui est fortement liée à l'égo ; c'est ni plus ni moins que le culte du paraître et ceci n'a rien à voir avec une confiance intrinsèque.

L'estime de soi se divise en 3 catégories : il y a la **confiance en soi, l'image de soi et l'amour de soi.**

Cela ne veut pas dire qu'il ne faut pas faire du sport, cela ne veut pas dire qu'il ne faut pas passer par le corps pour ancrer son estime de soi ; cela veut simplement dire que la confiance ne doit pas dépendre d'une réussite extérieure.

Lorsqu'on parle d'estime de soi, cela peut renvoyer à une forme d'égotisme. Or l'égo, comme je l'ai dit précédemment, peut être utile pour projeter une image qui soit la plus proche de nous, la plus vraie. Mais attention à ne pas tomber dans le faux self : renvoyer une fausse image de soi, c'est s'assurer à plus ou moins long terme des mauvaises expériences, des mauvaises rencontres.

Tout le monde, d'une manière générale, a tendance à se créer un faux self tout simplement parce que ce n'est pas évident d'être soi-même. Celles qui y arrivent, ce sont des personnes qui ont, soient grandies dans une ambiance de bienveillance, de soutien, de partage, soit ce sont des personnes qui ont œuvré sur elle. Pour savoir si l'on est parfaitement bien aligné, il suffit de s'observer et de voir comment on réagit face aux réflexions des personnes qui croisent notre route.

Lorsque l'on a une bonne estime de soi, on se sent rarement attaqué par les autres. Lorsque l'on a une bonne estime de soi, nous ne présentons pas les failles dans lesquelles vont s'infiltrer les piques, les attaques des autres. Si je devais trouver une image, je parlerais d'une blessure à vif. Imaginez que vous ayez une blessure sur votre bras où l'on voit la chair et le sang et que quelqu'un vienne mettre du sel dessus ; il y a de grandes chances pour que ça fasse mal, pour que vous ayez envie de pleurer ou de hurler. (Vous allez dire, il faut être débiles pour aller mettre du sel sur une plaie... c'est vrai... et pourtant...) S'il n'y avait pas cette blessure, le fait de mettre du sel sur votre bras ne vous aurait pas importuné.

Il en va de même lorsque vous vous sentez attaqué par des mots, des situations, ceux-ci peuvent vous impacter uniquement si à la base il y a une faille, il y a une blessure.

Lise Bourbeau[ix] parle de 5 blessures primaires[x], je ne vais pas les développer ici et si cela vous intéresse, je vous invite à lire ou à écouter les conférences de celle-ci. Personnellement, je pense que lorsqu'il y a un rail de dévalorisation, qui a pris racine dans l'enfance, c'est une porte d'entrée à toutes sortes d'attaques par la suite.

La dévalorisation est un poison puissant qui va envahir toutes les strates de la personne ; cela peut toucher l'aspect physique et entraîner une mauvaise **image de soi** et dans ces cas-là on peut se retrouver avec des personnes qui vont sans arrêt douter de leurs aspects physiques. La moindre réflexion sur leur beauté extérieure va venir les toucher. Cela peut donner naissance à des comportements excessifs comme le maquillage à outrance, la chirurgie plastique, les régimes anorexiques… la dysmorphophobie est un trouble qui fait que la personne n'a plus un regard objectif sur elle-même.

Lorsque la dévalorisation touche l'aspect cognitif, ce seront plutôt les réflexions liées à l'intelligence qui viendront résonner et qui feront souffrir. Vous l'aurez compris, lorsqu'il y a une mémoire de dévalorisation, il y a forcément une mauvaise **estime de soi**. La personne qui se fait harceler, possède forcément une mémoire de dévalorisation qui lui appartient ou qu'elle a récupérée de ses ascendants. Donc pour se dégager de ces mémoires qui nous limitent, il va falloir faire un travail de recherche et d'observation très précis.

Sur quelle strate allons-nous agir ?

Est-ce qu'il s'agit du physique ?

Dans ces cas-là, il va falloir procéder de manière logique : faire des listes ou des dessins, une carte mentale, peu importe la solution, prenez celle qui vous conviendra le mieux, mais l'important, ce sera d'être honnête avec vous-même. Qu'est-ce que vous voulez changer physiquement ? Pour ne pas vous perdre dans votre objectif, il est judicieux de rester réaliste.

Je m'explique : si vous mesurez 1m50 et que vous désirez mesurer 1m90, même avec des talons, ça va être compliqué. C'est une des choses que l'on apprend dans le neuromarketing : un objectif se doit d'être réaliste sinon il va entraîner de la frustration.

Donc si vous devez agir sur votre physique est-ce qu'il s'agit de mincir ?

Est-ce qu'il s'agit d'acquérir une silhouette plus musclée ?

Est-ce qu'il s'agit d'avoir les cheveux longs ou courts ?

De changer la couleur de vos yeux ?

De vous faire percer les oreilles ?

De vous faire poser un piercing ou un tatouage ?

Mettez tout cela sur le papier et regardez comment vous pouvez vous diriger vers cet objectif. La plupart du temps, on se freine tout seul, rien que d'y penser, alors qu'une fois qu'on a mis les choses à plat on se rend compte que cela peut être réalisable.

Est-ce que c'est un handicap d'être trop grand ou trop petit ? Non.

C'est le regard que vous portez sur vous-même qui fera la différence, il n'y a pas de taille idéale tout comme il n'y a pas de poids idéal. En ce qui concerne le poids si vous avez besoin d'en perdre ; faites le test suivant : au lieu de parler de perte de poids, parler plutôt de métamorphose, de transformation. Le cerveau n'aime pas perdre… il faut lui présenter l'affaire comme quelque chose de chouette, quelque chose qui va lui faire du bien.

Est-ce que vous faites déjà ce qui est nécessaire au niveau alimentaire ?

Si c'est le cas, est-ce que vous faites ce qui est nécessaire en matière d'activité sportive ?

Si c'est le cas avez-vous vraiment un problème de poids ?

Peut-être que c'est votre regard sur vous-même qui est faussé et c'est valable dans l'autre sens ; si vous vous trouvez trop maigre, j'ai même envie de dire que dans ces cas-là c'est plus difficile. Quoi qu'il en soit, assurez-vous dans un premier temps que vous avez réellement un besoin à ce niveau-là. L'image de soi peut être grandement améliorée lorsque l'on modélise, c'est-à-dire que l'on prend quelqu'un comme modèle, pour s'en inspirer ; cela ne veut pas dire devenir comme cette personne ; juste y trouver une forme d'inspiration. Que vous soyez un homme ou une femme, un enfant, un ado, choisissez quelqu'un qui vous inspire physiquement, quelqu'un qui vous fait dire : waouh j'aimerais être comme ça !

Et observez cette personne : qu'est-ce qui la différencie de vous physiquement ?

Si vous êtes blancs et que vous choisissez quelqu'un qui est noir, que justement ce que vous aimez c'est sa carnation de peau, je vous invite à chercher quelqu'un qui a la même carnation que vous. Je vous le répète, l'objectif doit rester réaliste. Une fois que vous avez trouvé cette personne qui vous correspond en terme d'âge, regardez ce que vous pouvez changer chez vous pour tendre vers ce modèle qui vous inspire. Il ne s'agit pas de faire appel à la chirurgie esthétique, il s'agit juste de trouver comment vous sentir mieux avec votre corps.

Pourquoi je vous invite à faire ce genre de mise à plat ?

Quel rapport avec le HPI et le harcèlement ?

C'est tout simple. Le HPI a une tendance naturelle à s'autojuger. Son intelligence qualitativement différente fait de lui un spectateur au regard affuté. Et s'il voit très bien les travers des autres et ne manque pas de leur faire savoir, s'il est audacieux, il a, en principe, un regard encore plus incisif sur lui-même. Celui qui harcèle, à savoir le bourreau, quand il est doublé d'un HPI (et cela arrive très souvent), sait pertinemment pourquoi il s'en prend à telle ou telle personne. Parce que cette personne a une blessure identique à la sienne et il se sent attiré, par résonnance. Le harceleur n'ira pas embêter quelqu'un qui reflète la confiance en lui, qui a une posture physique bien ancrée. Quelqu'un qui marche la tête haute, qui ne baisse pas les yeux, qui a les épaules en arrière, n'attirera pas à lui les agresseurs. Et cela n'a pas de rapport avec le fait d'être grand ou imposant… mais bel et bien de l'énergie qui émane de vous.

Pourquoi certaines personnes ayant des troubles physiques avérés ne sont-elles pas embêtées ?

Il ne s'agit pas que de l'aspect handicap qui stoppe, bien au contraire. Il s'agit réellement de la vibration que vous dégagez.

Donc si physiquement vous vous plaisez et que pour autant vous continuez d'attirer à vous des agressions verbales/physiques, la problématique se situe ailleurs.

Êtes-vous serein avec votre physique ?

Est-ce que vous acceptez votre beauté ?

Quelquefois, une pointe de culpabilité peut venir tout faire enrayer...

L'aspect physique étant passé au crible : l'image de soi va dépendre de cette étape cruciale.

Passons à l'étape : **confiance en soi**. Vaste programme !

De la même façon, modéliser quelqu'un qui à vos yeux incarne la confiance en soi.

Qu'est-ce qui vous fait croire ça ?

Qui est cette personne ?

Qu'a-t-elle réussi dans sa vie ?

Comment s'y est-elle prise ?

Il n'y a pas vraiment de mystère, la plupart du temps pour réussir, quel que soit le domaine, il faudra travailler, s'entraîner... Bien sûr qu'il peut y avoir des rencontres déterminantes, des opportunités qui se présentent, mais celles-ci se présenteront à vous si intérieurement vous êtes prêts à les recevoir.

Que feriez-vous d'une Porsche si vous ne savez pas conduire ?

Qu'êtes-vous prêt à faire pour passer un step vers la confiance en vous ?

Reprendre des études ou approfondir des connaissances, faire une formation, suivre un mooc[xi], apprendre en autodidacte ?

La confiance en soi grandit au fur et à mesure que vous renforcez vos bases. On n'a rien sans rien. Donnez-vous des félicitations si celles-ci ne viennent pas de l'extérieur, célébrez vos réussites, aussi minimes soient-elles. Petit à petit, l'extérieur sentira votre changement.

Une fois que l'image de soi est solide, que la confiance en soi est boostée, il reste l'**amour de soi**. En principe lorsque les deux premiers items sont remplis, le 3e s'installe naturellement.

L'amour de soi n'a rien de narcissique ou d'égotique. S'aimer soi, c'est la base pour aimer les autres. Lorsque vous êtes entier, complet, l'autre ne répond pas à un besoin, il devient une valeur ajoutée, la cerise sur le gâteau, mais en aucun cas un ingrédient principal à l'élaboration de celui-ci.

Une personne nantie d'une bonne estime d'elle-même est une personne qui s'apprécie à sa juste valeur. Elle aime le reflet que lui renvoie le miroir de sa salle de bain, elle aime son intelligence, ses compétences cognitives, elle aime ce qu'elle est dans la globalité. Elle a une vision nette et juste de sa valeur, car elle se connaît bien.

Dans la vie, nous rencontrons toujours des personnes qui se montreront agressives ou ouvertement irritables, mais si ces gens vous laissent indifférents ou même vous font rire, vous pouvez dire que vous avez dépassé un stade. En revanche si vous êtes en réaction : qu'est-ce que cela vient toucher chez vous ?

Un autre chemin pour booster votre présence : l'humour. Attention, l'humour... ce n'est pas de l'ironie ou du sarcasme. Le véritable humour, c'est l'autodérision. Celui qui sait rire de lui-même est plus fort qu'il n'y paraît. D'ailleurs, certains thérapeutes utilisent cette technique pour augmenter la résistance aux attaques.

Ma fille, aujourd'hui âgée de 15 ans, ne possédait pas d'humour en étant plus jeune. Et je ne parle même pas du second degré qu'elle ne saisissait pas.

Nous avons œuvré sur cet aspect : apprendre à rire de soi. Physiquement, elle avait tendance à ne pas se trouver jolie. Là, aussi, nous avons dû désamorcer ces stigmates. La solution a été des shootings photo. Aujourd'hui, elle est à l'aise avec son corps. Côté intelligence, nous avons dû apprendre à ne pas avoir honte de cette différence. Et surtout à sortir de la culpabilité.

Savez-vous que l'on parle de coming out lorsqu'on avoue son haut potentiel ?

Cela paraît fou quand on y pense. Comme si le fait d'être intellectuellement différent était un problème...

Nous avons dû faire face aussi aux idées préconçues : tu as 3 ans d'avance, c'est normal que tu aies une mention au bac... Ou alors : tu as 3 ans d'avance, ne viens pas te plaindre de la différence d'âge... autant de lieux communs que ceux qui ne sont pas confrontés à cet état de fait ne comprennent pas.

Ou encore, lorsque l'on se retrouvait avec des amis dont les enfants avaient quelques années de plus que « C » et qui étaient donc dans le même niveau scolaire voire moins ; l'indifférence, pour ne pas dire l'ignorance, qui était de mise, lorsqu'ils demandaient des nouvelles aux jeunes, comment se passait leurs études, mais qui ne s'adressait jamais à « C »... Cela aussi, il a fallu apprendre à le gérer. À comprendre qu'en réalité, c'était leur problème à eux s'ils ne supportaient pas le succès des autres. Il y a des gens comme cela qui trouvent du réconfort dans l'échec ou les problèmes des autres. Nous avons appris à ne pas avoir honte, à ne pas faire preuve d'une humilité de mauvais augure, lorsque les félicitations étaient de rigueur. Car il y a une différence fondamentale entre se reposer sur ses lauriers, ses réussites, voire être arrogants, hautains, et accepter d'avoir réussi à un instant « T » une épreuve, un examen.

Féliciter vos enfants ne va pas les transformer en enfants rois à condition de ne pas les mettre sur un piédestal. Il n'y a pas de personnes meilleures ou moins bonnes, il y a des personnes différentes.

Ma fille a tendance à faire un focus sur les notes, son classement par rapport aux autres élèves. Je lui rappelle sans arrêt que les notes ne signifient rien en elles-mêmes. C'est juste un curseur. Je lui rappelle aussi que l'important c'est de se dépasser soi-même... je n'attends pas qu'elle soit numéro un... j'attends qu'elle soit meilleure qu'hier.

Ma fille n'a jamais réellement souffert du syndrome de l'albatros, cet oiseau dont les ailes sont si grandes qu'il ne peut pas voler. Mais pour autant, elle a encore du chemin à parcourir avant de devenir un aigle conscient de sa grandeur.

Pour ma part, j'ai découvert mes ailes sur le tard et il m'a fallu un gros travail sur moi-même pour accepter de sortir de la case : cancre !

Aujourd'hui, je suis à l'aise avec tout ça. Mais cela m'a demandé des efforts. Accepter que je sois une apprenante, une apprentie-sage qui aime apprendre. Accepter l'idée que j'aimais apprendre : c'était la partie la plus difficile pour moi. Car dans ma tête, apprendre était relié à l'école... et mes souvenirs n'étaient pas suffisamment bons pour que le match se fasse. Un gros travail de délestage de croyances limitantes. Me rendre compte que j'avais des possibilités, que je pouvais lire et comprendre des ouvrages compliqués... ce fut un cheminement de plusieurs années.

Avec le temps, j'ai appris à me connaître.

Quelle mémoire je possède ?

Quelles sont les meilleures techniques, pour moi, pour apprendre ?

Suis-je plutôt kinesthésique ou visuelle ?

Ou auditive ?

Un mélange des trois ?

Dans quel domaine suis-je plus à l'aise ?

Logico-mathématique ?

J'ai appris à me connaître à coups de tests divers et variés : intelligences multiples de Gardner[xii], test MBTI[xiii], ennéagramme[xiv]… Tout cela est venu me confirmer mes ressentis. Cependant avec le temps, je suis sortie de toutes ces étiquettes qui ne sont que des cases qui enferment, elles aussi. Un peu comme l'étiquette HPI. Il y a plusieurs noms pour en parler : douance, surdoué, gifted, zèbres[xv]…

Mes recherches et mon errance m'ont amenée sur certains forums et groupes sur des réseaux sociaux (j'en ai déjà parlé), je suis même devenue admin, modératrice. Et j'ai pu lire des posts qui m'effaraient.

Entre les parents qui s'interrogent si leur enfant de 6 mois est HPI… ou encore ceux qui vivent, respirent, mangent « zèbre »…

Comme s'il y avait un besoin de se créer un signe de reconnaissance : celui qui a une trousse zébrée est HPI... et ça va ainsi jusqu'au gâteau marbré/zébré pour l'anniversaire... Être HPI ne devrait pas être une case supplémentaire dans laquelle la personne va s'emprisonner.

J'ai remarqué aussi que le HPI pouvait être une excuse face à des comportements inacceptables. L'enfant ou l'ado HPI qui répond au prof, qui passe son temps à jouer sur son téléphone, qui se montre incorrect ; et qui finalement se retrouve avec un mot d'avertissement dans son carnet de correspondance ou avec des heures de retenue a tout simplement attiré à lui le résultat de ses actions.

Si, en effet, il y a des profs, des enseignants, qui ne savent pas comment gérer le haut potentiel ; soit parce qu'ils ne s'y intéressent pas, soit parce qu'ils n'y croient pas, soit parce que ça les dépasse ; il y a aussi des profs qui se sentent concernés, il y a aussi des profs qui sont eux-mêmes HPI ou qui ont des enfants HPI. Le HPI ne doit pas ou ne devrait pas être une pancarte que l'on brandit pour se donner bonne conscience. Le HPI fait de nous des personnes qui réfléchissent différemment, mais pour autant cela ne nous donne pas l'autorisation de nous imposer auprès des autres. La différence, lorsqu'elle est assumée, est une force.

Du moins, c'est ainsi que je le ressens. Aujourd'hui, les parents veulent de l'inclusif : ils veulent que les différences soient lissées tout en voulant garder les spécificités qui font l'unicité de chaque personne. N'y a-t-il pas là un paradoxe ?

Si on veut être considéré comme tout le monde, que chaque enfant soit considéré de la même façon... quid de l'équité ?

Égalité n'est pas synonyme d'équité... Et si chaque enfant doit être considéré comme son voisin alors il est judicieux de sortir des cases qui stigmatisent et l'étiquette HPI/zèbre/surdoué en est une. Dans une classe de 25 élèves avec chacun son mode de fonctionnement, c'est juste impossible de s'attendre à un service sur mesure pour chaque enfant. C'est une réalité. Si, en tant que parent, on veut du sur mesure alors il faut opter pour l'IEF.

Même si l'idée m'a effleuré, même si j'ai entrepris pas mal de recherches sur ce sujet, rencontré des parents qui pratiquaient l'IEF par idéologie ou pour justement accompagner au mieux leurs enfants différents (HPI, TDAH, TOC, ASPI...), je n'ai pas basculé dans l'IEF. D'abord, mon mari n'était pas très ouvert à cette idée et ce que j'avais trouvé me démontrait que pas mal d'enfants retournent sur les bancs du lycée pour passer le bac. L'IEF semble importante dans les niveaux primaires et collèges surtout. Bien sûr que les vrais adeptes du Unschooling continueront leur idée sur le long terme et tant mieux. Quoi qu'il en soit, le choix de l'IEF doit être murement réfléchi. Ce n'est pas si simple de s'improviser accompagnateur pédagogique de son/ses enfants.

Nous avons dû faire face à plusieurs problèmes pour arriver à gérer à la fois le harcèlement et le HPI. Est-ce qu'on est arrivé au bout du tunnel ?

Je ne le sais pas, à ce jour.

À 15 ans, en BTS, « C » trouve sa place sans trop de difficulté.

Elle ne revendique pas son HP bien au contraire. Si on lui pose des questions, elle répond, mais elle ne se met pas en avant volontairement.

Elle a beaucoup appris en s'observant et en comprenant l'effet miroir.

Chaque fois, qu'elle me disait ou qu'elle me dit encore : quand untel me dit ça, fait ça, ça me rend folle/ça m'énerve. Je lui demande : qu'est-ce que ça vient toucher chez toi ?

Et 9/10 elle a la réponse et ainsi elle peut opérer un changement.

Auparavant, je cherchais la solution à l'extérieur de moi. Je me disais : si les gens étaient différents, s'ils étaient plus ceci ou moins cela… je me positionnais tel un Calimero. Cette attitude peut fonctionner un temps, car elle va attirer les Sauveurs… ceux qui ont besoin d'aider les autres pour se sentir exister.

À partir du moment où je cherche l'origine du problème en moi, je trouve la solution. Ce n'est pas toujours simple.

Ensuite, il y a des situations que j'appelle « collective » et dans ce cas-là, agir sur nous-mêmes ne sera pas toujours suffisant. Une situation collective, c'est un évènement qui impacte une grande partie de la population (locale, nationale, mondiale). Si nous avons la possibilité et le devoir d'agir en nous même pour améliorer notre film personnel, notre Truman Show[xvi] personnel, le Show collectif est l'œuvre d'une collectivité. Cependant, il est nécessaire de saisir que même dans ce cas-là : 1 +1= nous.

Finalement, les techniques utilisées pour gérer et stopper le harcèlement ou le HPI sont quasiment les mêmes.

Introspection.

Se connaître.

Pour cela, cesser d'attendre que la solution soit le fruit d'un changement extérieur. Quelques fois, cela peut marcher. Comme un déménagement. Cela peut être l'opportunité attendue pour se transformer. À condition de savoir saisir cette possibilité. C'est pour cela que certaines personnes disent que changer d'école, quand il y a des problèmes de harcèlement, ce n'est pas la bonne solution.

C'est vrai et faux.

C'est vrai, parce que changer d'école sans travailler sur le ressenti de l'enfant, sur sa stature… il va emporter avec lui le problème.

C'est faux, parce que cela peut être le sésame du changement. L'enfant changeant d'environnement va, consciemment ou pas, mettre en place d'autres stratégies.

Rappelez-vous, lorsque j'ai moi-même déménagé, que je suis partie à la grande ville, mes problèmes de harcèlement ont été mis entre parenthèses parce que j'avais moi-même commencé à changer. J'avais de moi-même mis en place une stratégie qui me permettait de tromper les autres. Je ne dis pas que c'était la meilleure stratégie à avoir, mais en tout cas elle m'a permis pendant un temps donné de faire illusion.

Je me répète, je le répète, cela peut être un peu redondant, mais il ne peut pas y avoir de solution durable sans un changement intérieur. Même encore, je peux me laisser prendre par des montées émotionnelles parce que quelque chose, une situation, va venir me perturber.

L'ouvrage sur soi, oui, je préfère le mot ouvrage au mot travail. Le mot travail renvoie à quelque chose de difficile, à quelque chose de contraignant. Tandis que le mot ouvrage, donne l'impression que l'on va créer une œuvre d'art.

Et il s'agit bien de cela, œuvrer sur soi, c'est comme enlever les couches de charbon pour faire briller le diamant qui se cache à l'intérieur.

L'ouvrage sur soi est une dynamique quotidienne, c'est un peu comme le ménage dans une maison. On ne peut pas dire : je le fais une fois et c'est fini. Non. Si vous voulez que votre maison reste propre, vous allez devoir consacrer du temps quotidiennement ou hebdomadairement ou mensuellement à des tâches ménagères que cela vous plaise ou non. D'ailleurs si vous ne le faites pas, et que vous n'avez personne pour le faire à votre place, très vite votre maison va être sale. Et une maison sale, une maison qui sent mauvais, eh bien, c'est une maison qui n'est pas accueillante, qui ne donne pas envie de s'y installer. En ce qui nous concerne, c'est pareil : si nous ne procédons pas à une hygiène intérieure ; certains parleront d'une hygiène spirituelle, d'autres parleront d'une hygiène énergétique, moi j'appelle cela une hygiène alchimique ; eh bien, nous allons renvoyer une image désagréable, comme une odeur qui va repousser les autres.

Alors peut-être que vous vous dites, c'est un peu facile, c'est un peu simpliste, mais la situation que je vis n'a rien à voir avec la sienne. Et c'est fortement probable. Cependant les techniques utilisées par tous les thérapeutes qui travaillent dans le domaine de l'accompagnement psychologique ; que ces accompagnants soient spécialisés dans le harcèlement ou dans le HPI ou dans un mix des 2, les idées à mettre en pratique dans le quotidien seront toujours sensiblement les mêmes.

Comment évacuer la colère ?

Comment être positif ?

Comment faire en sorte que mon enfant s'endorme le soir ?

Comment faire en sorte que mon enfant ait envie d'aller à l'école ?

Comment faire en sorte que mon enfant s'intègre ?

Ces questions je les ai vues passer des centaines de fois sur les forums dédiés ou sur les groupes dans les réseaux sociaux. Quelquefois, il y a des réponses intéressantes, mais qui sont laissées de côté. J'ai remarqué que le côté HPI était souvent relié à la science. Je n'ai rien contre la science, cependant celle-ci a tendance à devenir une véritable religion.

Or, tout ne s'explique pas de manière scientifique. Un enfant peut avoir des problèmes parce qu'il porte une histoire qui ne lui appartient pas. C'est une erreur fondamentale que de croire qu'un enfant qui a été conçu après une fausse couche, après un DC in utero, après la perte d'un enfant ; ne portera pas en lui des angoisses qu'il a récupérées de ses ascendants.

Si j'aborde ce sujet, c'est parce que c'est du vécu. Ma fille est venue au monde après la perte d'un enfant : elle porte cette histoire en elle comme un boulet invisible. Je vous l'ai dit un peu auparavant, nous avions fait appel à une psychologue dans le cadre d'un deuil, cet accompagnement a duré quelques mois. De quelle manière ce traumatisme, que nous parents, avions vécu, pouvait influer sur notre fille ? Tout simplement, parce que pendant la durée de la grossesse, j'étais angoissée et que je lui ai transmis ces peurs. Et il ne faut pas croire que ce genre de peur disparaît à la naissance. Pendant quasiment 5 ans, elle a eu un sommeil extrêmement perturbé, elle avait peur de s'endormir, elle avait peur de mourir.

Nous avons tenté des dizaines de solutions : l'homéopathie, les sirops, les histoires, mais rien n'y faisait. L'approche qui nous a sortis de ce pétrin, ce fut la kinésiologie[xvii]. Ce fut révélateur. Par la suite, la solution pour elle a été de laisser une lumière éclairée et cela a duré des années. C'est elle qui gérait l'intensité de la lumière, si elle voulait la mettre ou pas. Pour cela, nous avons dû dépasser nos propres conditionnements. Personnellement, dormir avec la lumière ou même avec du bruit n'est pas forcément un problème. En ce qui concerne mon mari, il lui faut du noir et du silence. Lorsque notre fille était bébé, il était convaincu que sa façon à lui était la meilleure. L'histoire, l'expérience lui a démontré que ce n'était pas le cas.

Le cadre éducatif dans lequel on grandit, avec lequel on se construit, peut devenir soit un modèle que l'on va faire perdurer en étant nous-mêmes parents, soit un modèle que nous allons jeter. L'idéal serait d'avoir un regard impartial et objectif, c'est-à-dire que dans notre éducation tout n'est pas parfait et tout n'est pas mauvais. En devenant adultes, nous devrions garder ce qui nous paraît constructif, bienveillant et enlever ou modifier ce qui nous limite. Quand je parle de limite, je parle de frein psychologique, de croyances limitantes. Pour être plus explicite si vous avez grandi dans une famille où il est coutume de croire qu'il est impossible de devenir un artiste, par exemple ; ou alors une famille où les voyages à l'étranger sont considérés comme une perte de temps, une perte d'argent ; alors il y a 2 possibilités, soit vous allez intégrer ces croyances comme étant vraies, soit vous allez en rejeter une partie, soit vous allez les rejeter en totalité. Si vous intégrer ce type de croyance comme une vérité alors c'est un frein, c'est une limite. À l'inverse, si vous avez grandi dans une famille qui est totalement athée et que quelque part au fond de vous, vous pensez qu'il peut y avoir quelque chose ; quelque part au fond de vous, quelque chose vous pousse vers une forme de spiritualité, alors cela signifie que vous choisissez de dépasser une croyance, que vous choisissez d'en créer une nouvelle. L'important, lorsque l'on devient adulte et que l'on fait nos propres choix, c'est de ne jamais juger les choix ou les croyances que nos propres parents ont mis en place. Et lorsque nos enfants font à leur tour leurs propres expériences et leur propre choix, il est également important de ne pas choisir à leur place. Autant cela nous semble une évidence de nous émanciper de nos parents, autant c'est difficile de laisser nos enfants grandir et les regarder faire des choix qui nous paraissent absurdes.

Personnellement, j'ai gardé une petite partie de l'éducation que j'ai reçue parce qu'elle me semblait cohérente et j'en ai rejeté une grande partie puis j'en ai transformé une partie également. À mon tour, en étant parent, j'ai mis un cadre. Je remarque que l'idée du cadre, je parle du cadre éducatif, est une vraie problématique pour le HPI. Je vois souvent passer des posts, dans les réseaux sociaux, de la part de parents qui se plaignent de leurs enfants, ils n'arrivent pas à se faire obéir, ils n'arrivent pas à se faire entendre. Pour ma part, j'ai choisi de mettre un cadre qui est élastique : cela signifie que je prends les décisions en fonction du moment. Cependant, il y a quelque chose qui est non négociable, c'est la loi pénale. Il y a des interdictions, des lignes jaunes, à ne pas dépasser. Par chance, mes filles l'ont parfaitement compris comme : ne pas boire et conduire, ne pas prendre de la drogue, ne pas agresser les autres. Il y avait aussi un cadre au niveau scolaire. Je pouvais entendre qu'une de mes filles ne comprend pas en cours, qu'elle ait oublié un cahier… En revanche, il était clair que je ne voulais pas voir un mot dans le carnet de correspondance qui était en lien avec un mauvais comportement dans la salle de classe ou dans l'établissement scolaire de manière générale. En clair, je n'autorisais pas mes filles à devenir des perturbatrices ou des agresseurs en puissance. Si moi-même, je n'ai jamais trouvé ma place en tant qu'élève, pour autant, je n'ai jamais été une perturbatrice, je n'ai jamais pris un mot dans mon carnet de correspondance. La seule heure de colle que j'ai eu ça a été une punition collective. J'étais loin d'être parfaite et bien souvent j'ai basculé de l'autre côté de la ligne ; je ne suis pas naïve au point de croire que mes filles n'ont pas tenté, elles aussi, de franchir la ligne de l'interdiction. Pour autant à ce jour, par chance, je ne me suis jamais retrouvée dans un poste de police en garde à vue et mes filles non plus. En ce qui me concerne, le risque de basculer du mauvais côté était réel, je vous l'ai déjà dit, lorsque j'étais en primaire le choix s'est posé : ou je restais du côté des victimes et des gentils ou je passais de l'autre côté. Je suis passée de l'autre côté. La seule chose qui m'a empêché de devenir une vraie méchante, c'était que j'avais conscience de jouer un rôle, je savais au fond de moi que cette façade, cette personnalité, ce n'était pas moi.

C'est le problème avec ces faux selfs, c'est que le risque que l'on finisse par s'y identifier est vraiment important. C'est un petit peu comme les agents spéciaux qui s'infiltrent dans un réseau, sous couverture, et qui finissent par devenir des bandits. Le faux self se met en place pour nous protéger, mais il est important d'en avoir toujours conscience. Là où réside le danger, c'est lorsque cette carapace, cette façade, s'installe à notre insu. Face à la violence ou à la douleur, notre cerveau va volontairement déconnecter certaines émotions afin de continuer à survivre en souffrant le moins possible. Pour autant, cela ne signifie pas que la blessure n'existe pas ou plus. Cette faille continuera d'agir, mais de manière cachée, jusqu'à ce que notre conscience, notre regard, s'y intéresse et le mette en lumière.

Toutes les blessures, toutes les failles, qui sont inscrites en nous et qui trouvent leur origine dans notre enfance seront mises en lumière d'une façon ou d'une autre. Cela peut durer des années voire toute une vie si nous ne savons pas décoder, comprendre, ce que la vie met sur notre chemin.

Rares sont les parents qui ont fait un vrai travail sur eux-mêmes avant d'accueillir un enfant. D'ailleurs, on parle de désir d'enfant. Et lorsque l'enfant arrive, il va incarner toutes les casseroles que ses parents ou ses ascendants n'ont pas réglées. Et même dans une fratrie, chaque enfant peut porter des histoires familiales différentes. Il y a énormément de paramètres qui rentrent en ligne de compte ; lorsqu'un père nomme son fils avec le même prénom que celui de son propre père ou d'un autre homme qui a compté pour lui ; il y a de grandes chances pour que ce fils adopte certains comportements qui seront en lien avec celui dont il porte le prénom. Cela peut sembler surréaliste, tiré par les cheveux, mais si vous vous ouvrez à l'expérience ; vous constaterez, peut-être, à quel point nous pouvons être influencés par des informations inconscientes. Par exemple, je suis née le même jour que ma grand-mère paternelle et bizarrement je suis celle qui lui ressemble le plus et qui a vécu un drame qui nous relie. Ce qui m'a fait découvrir l'épreuve que ma grand-mère avait vécue, c'est justement lorsque, moi-même, j'y ai été confrontée. C'est en faisant des recherches sur mon histoire familiale que j'ai découvert à quel point nos 2 drames étaient semblables. Ce que je veux dire, c'est qu'en conscience, j'ignorais tout de cette histoire, mais inconsciemment cette mémoire m'avait été transmise.

Alors me direz-vous quel est le rapport avec le harcèlement scolaire ?

Avec le harcèlement psychologique ?

Eh bien, le rapport c'est que lorsque l'on conçoit un enfant, on lui transmet notre histoire, nos mémoires, nos croyances. L'enfant arrive avec un carnet de bord qui n'est pas le sien et ensuite au fil de son enfance, de son adolescence, ce carnet va continuer de se remplir. Donc si les 2 parents ou l'un des parents ont vécu une ou des situations avec un ressenti de dévalorisation, d'humiliation, de rejet ; que ces blessures n'ont pas été mises à jour, dépassées, transcendées, alors l'enfant fera en sorte de les guider dans ce cheminement afin qu'ils fassent ce travail, cet ouvrage, de purification. Plus vous vous délestez de tout ce qui vous freine, de tout ce qui vous perturbe, dans la mesure du possible ; au plus, vous êtes aligné à l'intérieur de vous-même, c'est-à-dire que vos pensées, votre parole et vos actes pointent dans la même direction, au plus vous devenez un modèle inspirant pour vos enfants.

Et dans ce cas-là, ils n'ont pas besoin de vivre, à votre place, les situations que vous n'avez pas comprises. Cela peut paraître farfelu ou trop simple et pourtant dans le cadre de mes accompagnements, si vous saviez le nombre de fois où l'enfant vit une situation qui ne lui appartient pas réellement. On retrouve ce genre de scénario dans tous les domaines de notre vie en tant qu'enfant et même encore à l'âge adulte, nous allons reproduire des schémas qui seront soit constructifs, soit neutres, soit destructeurs.

Dans un cadre idéal où l'enfant est conçu et attendu avec amour et joie, cet enfant sera élevé, dans le sens tirer vers le haut, par des parents qui ne chercheront pas à le soumettre ou à l'oppresser. Cet enfant sera accompagné, sera encouragé, sera soutenu. Cet enfant aura un espace de parole pour qu'il puisse exprimer son ressenti, ses émotions, sans peur d'être jugé, rejeté. Cet enfant va grandir avec l'idée qu'il a de la valeur, non pas une valeur conditionnée par une quelconque réussite, une valeur intrinsèque. Cet enfant, en se regardant dans le miroir se trouvera beau, peu importe, les critères de beauté, peu importe les dictats à la mode, cet enfant se trouvera beau et par conséquent il ne cherchera pas à s'autodétruire. Cet enfant, devenu adolescent, se sera construit sur une base solide ainsi, il ne cherchera pas, à l'extérieur, une béquille qui viendra le compléter ou qui lui permettrait de s'évader. Cette béquille, pouvant être une autre personne ou un paradis artificiel, une drogue quelconque.

De nos jours, il est facilement condamnable, le temps passé sur les réseaux sociaux. Il est souvent reproché aux jeunes et même aux moins jeunes de passer trop du temps sur les écrans. C'est factuel. C'est une réalité qui ne peut pas être occultée. Pourtant, il serait très judicieux de chercher à comprendre pourquoi les nouvelles générations passent autant de temps sur ces fameux écrans. Et si c'était simplement une fuite. Parce que la réalité, celle que l'on pourrait appeler la vraie réalité, celle qui se présente à nos yeux, elle ne fait pas rêver. Dans cette réalité, il n'y a pas de place, pour discuter, pour passer du temps ensemble, pour prendre le temps de connaître l'autre.

Alors ces nouvelles technologies, ces réseaux sociaux, ces jeux en ligne permettent à des personnes de se retrouver entre elles, de partager des goûts communs, une vision de la vie identique.

Comme dit la chanteuse Maëlle : *toutes les machines ont un cœur maman*. Et si, en effet, on se perd dans les likes et les followers, si l'on se perd sur Insta ou sur Snapchat ; c'est peut-être parce que juste à côté de nous, il n'y a pas cette écoute, il n'y a pas cette reconnaissance de notre carte du monde.

Pourtant l'être humain est un animal et il est clanique, il a donc besoin de ses pairs, il a besoin d'être reconnu. Un enfant ou un ado ou même un adulte qui a une attirance pour une activité sportive ou culturelle ou encore qui a une idole ; et bien, il aimerait que son entourage s'intéresse à ce qui le fait vibrer. Alors, bien sûr, ce n'est pas simple si votre enfant se passionne pour les dinosaures et que vous, en tant que parents, ça vous laisse indifférent. Il va falloir fournir un petit effort, s'intéresser un minimum, à ce que votre enfant aime. Cela lui permettra de voir qu'il compte à vos yeux et du coup inversement ce qui vous fait vibrer, vous, en tant qu'adulte, vous pourrez le lui communiquer. Bien sûr que l'idéal c'est quand parents et enfant partagent la même passion ou ont les mêmes envies. Vous remarquerez à quel point il est difficile déjà entre conjoints d'avoir le même point de vue, d'avoir les mêmes goûts, alors imaginez avec les enfants qui n'ont pas le même âge que nous !

Donc, pour que la situation familiale soit la plus harmonieuse possible, chacun devra y mettre du sien parents et enfants. Les parents qui pensent que parce qu'ils sont adultes, ils savent mieux… je peux vous garantir que ce n'est pas toujours le cas. Croire que la sagesse vient avec la vieillesse fait partie des idées reçues qui ne se vérifient pas toujours.

Vous l'aurez compris, pour arriver à dépasser cette problématique du harcèlement ou des attaques en général, il faudra chercher où se trouve la faille… cette fameuse faille de dévalorisation.

Et quelquefois, elle est très bien cachée, quelquefois on s'illusionne, on croit avoir réglé le problème. Les blessures psychologiques telles que la dévalorisation sont comme un oignon : il y a plusieurs épaisseurs. J'ai tendance à dire que c'est spiralaire. L'image de l'oignon est certainement la plus adéquate, c'est-à-dire que ce que vous verrez en premier, ce seront les évidences ; et au fur et à mesure que vous enlèverez les épaisseurs, vous allez vous diriger vers le cœur. Comme vous le savez quand vous êtes au cœur de l'oignon c'est là que vous pleurez. Pour les blessures psychologiques, c'est la même chose, plus vous allez affiner votre recherche et plus vous allez rentrer en contact avec le cœur de la blessure.

Alors que ma fille semble avoir trouvé la solution pour gérer ses relations avec ses semblables, il n'en va pas toujours de même avec les adultes. Face à un adulte qui a du mal avec l'autorité, ma fille va se sentir attaquée. Cela lui demande un effort important de se positionner, alors qu'elle n'a que 15 ans, face à un adulte qui a autorité (prof, famille). Cependant si la situation se présente à elle, c'est justement pour qu'elle se positionne.

Notre cerveau a tendance à vouloir nous protéger donc il distille les prises de conscience en fonction de nos capacités, de nos possibilités. C'est pour cela que certaines personnes n'arrivent pas à épurer leur inconscient. Ce n'est pas qu'elles ne veulent pas, c'est qu'elles n'y arrivent pas. Il y a aussi celles qui pensent que c'est ainsi : le bonheur n'est pas pour elles... personne n'aime souffrir. Personne n'aime se complaire dans la souffrance. Il y a juste des croyances qui sont extrêmement fortes et qui viennent parasiter les décisions.

Je vais partager avec vous un exemple. Une personne m'a contacté parce qu'elle a des problèmes de santé ; moi-même, étant passé par ce combat, enfin ce cheminement, elle pensait trouver auprès de moi une personne qui pourrait partager sa « victimittude ». Bien sûr, je l'ai écouté et au bout de plusieurs minutes, je pourrais même dire au bout de 30 minutes, je l'ai coupé en lui signalant que personnellement, je n'étais plus dans les mêmes problématiques qu'elle et donc je lui ai demandé :

Que venait-elle chercher auprès de moi ?

Quelles étaient ses attentes ?

À aucun moment, elle ne m'a dit qu'elle voulait s'en sortir. Pendant les 30 minutes suivantes, elle m'a parlé des gens qui lui faisaient du mal, des gens qui lui en voulaient, qu'elle avait mal ici, qu'elle avait mal là. J'ai reposé la question : qu'est-ce qu'elle attendait de moi ?

Et en réalité, elle recherchait vraiment quelqu'un qui puisse se plaindre pour lui donner raison, pour qu'elle pense qu'elle avait raison de continuer à se plaindre. Cette personne m'a rappelé 4 fois. Pourtant mon accompagnement n'est pas vraiment un accompagnement psychologique ; mon objectif est de permettre aux personnes de comprendre qu'ils sont partie prenante dans le film de leur vie, que c'est eux qui en écrivent le scénario. Donc elle le savait, et cela ne l'empêche pas de me rappeler. Elle me dit : *oui, je comprends*. Mais à cet instant-là, elle est incapable de prendre une décision ; se maintenir dans son statut de victime, rester dans sa zone de confort, cela la rassure. Si cette personne m'a rappelé 4 fois, et ce n'est peut-être pas fini ; c'est parce que quelque chose au fond d'elle la met sur la voie, quelque chose clignote, comme pour lui dire : vas-y, c'est le moment !

Ces petites alarmes que la vie nous envoie c'est une façon de nous dire : il faut que tu portes ton attention sur ce sujet. Cela peut être un livre, une émission de télé, une conférence sur YouTube, une discussion avec une personne, peu importe le chemin que va prendre l'information.

La plupart du temps, nous passons à côté de ces petits signaux. C'est, par exemple, quand vous devez aller à un endroit en voiture et qu'il vous vient l'idée de passer par un autre chemin puis dans la seconde qui suit vous vous dites : *non, je n'ai pas l'habitude de passer par là, je vais garder mon trajet habituel*. Et là, sur ce trajet, soit vous êtes victime d'un accident, soit vous êtes coincé dans un bouchon… il peut y avoir plusieurs petites choses qui vont vous freiner. Si vous aviez écouté votre première intuition, vous seriez passé par l'autre chemin et vous auriez évité toutes ces problématiques, probablement. Bien sûr, il n'y a aucune preuve scientifique de cela, c'est de l'ordre de l'intuitif.

Quoi qu'il en soit, au niveau relationnel, la vie fonctionne de la même manière : elle va mettre sur votre chemin des personnes, des situations, pour nous éveiller, pour nous faire grandir, pour apprendre à mieux nous connaître.

L'œuvre sur soi, l'œuvre au VITRIOL[xviii] comme l'appellent les alchimistes est une activité qui ne s'arrête jamais.

CONCLUSION

Lorsque le harcèlement survient dans une famille, chez un enfant, il serait judicieux de faire une petite recherche au niveau des ascendants pour vérifier si l'enfant n'est pas simplement en train de revivre un scénario qui n'est pas le sien.

Si ce n'est pas le cas, il est nécessaire d'écouter l'enfant dans son ressenti, de l'accompagner dans ses émotions, et en même temps de lui apprendre à se révéler. Éviter de rentrer dans le cercle infernal de la victimisation. Si c'est possible, permettre à l'enfant de faire un sport individuel ou collectif ou de faire une activité qui lui permettra, d'une part d'exprimer ce qui se passe en lui, et d'autre part de développer de la confiance. Des activités comme le théâtre ou comme le chant peuvent permettre à un enfant timide de développer de l'assurance ; la pratique d'un sport peut permettre à un enfant de changer, sa physiologie, son aspect physique, mais cela peut lui permettre aussi de gagner en stratégie, en présence à l'autre, en relation à l'autre.

Une petite astuce : lorsque l'on se positionne comme Wonder Woman, les jambes légèrement écartées, les pieds bien à plat, les mains sur les hanches, la tête haute, les épaules en arrière, le regard qui fixe au loin ; cela peut faire sourire, mais dans cette position aucune pensée négative ne peut vous atteindre.

2e astuce pour positiver et pour croire en soi : écrire sur un cahier, tous les soirs, 3 actions qui nous rendent fiers. Peu importe quelles sont ces actions, lorsque l'on arrive à écrire 10 actions par jour, notre regard sur nous-mêmes évolue du bon côté.

3e astuce : si vous envisagez de vous faire accompagner dans le cadre du harcèlement, choisissez un thérapeute qui vous invitera à œuvrer sur vos croyances et sur votre vision de la vie.

***

Lorsque le haut potentiel apparait dans votre vie, soyez convaincu que c'est un cadeau. Si vous partez avec l'idée préconçue que cela va être un cauchemar, il y a de grandes chances pour que ça le devienne.

Le haut potentiel, lorsqu'il est bien vécu, et qu'il n'est pas associé à d'autres troubles comme les troubles DYS ou le TSA ou des TOC, le haut potentiel se révèle être une aide fantastique.

Passer de l'albatros à l'aigle, c'est s'autoriser à prendre son envol et à accepter d'avoir un regard précis et incisif sur certains sujets. C'est ne pas avoir honte de cette intelligence qualitativement différente et en même temps c'est faire preuve de discrétion lorsque cela est nécessaire. C'est accepter, aussi, que certaines personnes ne vous comprennent jamais. C'est saisir que vous possédez une intelligence différente, mais pas plus importante... C'est continuer à se remettre en question, à être co-responsable de nos actes et paroles. Si l'autre est responsable de ce qu'il comprend/ressent... vous êtes également responsable de ce que vous dites/faites.

Que ce soit le harcèlement ou le HPI, cela ne devrait pas devenir des cases dans lesquelles on s'enferme.

Ouvrages du même auteur

Livres SF/Fantaisy

- Une Mission pour Vyctoire, La Rédemption du Phoenix
- Une Mission pour Vyctoire, la Trilogie (La Rédemption du Phœnix, Secret en danger, Amnésie finale)

Livre Témoignage
- Mon Espérance : quand le deuil périnatal frappe à la porte.

En collaboration avec Caro : livret pour enfants
- Dis Biboutche, c'est quoi la Gratitude ?

En savoir plus sur l'auteur

Très attirée par l'art et en particulier le dessin et la peinture abstraite, j'aime exprimer mes émotions par le biais de ces supports.

C'est ainsi que je me suis mise à créer des oracles, à collaborer sur des projets d'illustrations digitales.

Mon attirance pour la lecture et l'écriture me permettent de mettre des mots sur mes maux. Les mots me permettent aussi de m'évader, de rêver à d'autres possibles.

Mon côté hyperesthésique m'a permis de développer une hypersensorialité tactile, ce que certains nommeront médiumnité.

Pour ma part, je ne me classe pas dans cette catégorie... étant donné que nous sommes tous des médias, des médiums, des canaux... nous avons tous des capacités à canaliser de l'information, nous n'en sommes pas tous conscients... là est la différence.

Pour me trouver
https://www.liberervotreessencecreatrice.com/

Notes :

---

[i] *Les troubles* cognitifs spécifiques apparaissent au cours du développement de l'enfant, avant ou lors des premiers apprentissages, et persistent à l'âge adulte.

[ii] Le trouble du spectre autistique (aussi appelé **TSA**)

[iii] **Le TOC** se caractérise d'abord par une obsession, source d'angoisse, de malaise ou de dégout, que la personne n'arrive pas à chasser de son esprit. Ces obsessions vont s'accompagner de compulsions, souvent sous forme de rituels, qui peuvent durer jusqu'à plusieurs heures.

[iv] Le faux self chez les zèbres
Le problème, c'est que les zèbres perçoivent souvent un environnement menaçant et se sentent en permanence obligés de protéger leur vrai self, en utilisant un faux self.

[v] La série *SAS*, créée par Gérard de Villiers et mettant en scène le héros Malko Linge.

[vi] *San Antonio* est une série de *romans* policiers rédigés par Frédéric Dard, mais signés *San Antonio*, du nom d'un commissaire de police, Antoine *San-Antonio*

[vii] Carl Gustav Young disait de l'**effet miroir** que **« *tout ce que nous voyons chez les autres n'est que le reflet de nous-mêmes* »**. En d'autres mots, cela veut dire que ce que l'on perçoit chez les gens, ainsi que les émotions que l'on ressent face à eux, n'est ni plus ni moins que le reflet de ce que l'on porte à l'intérieur de nous (telles que nos blessures d'âme, nos mémoires du passé et nos croyances limitantes).

[viii] Le triangle dramatique ou triangle de Karpman est à la base des « jeux psychologiques » de manipulation de la

communication. C'est une figure d'analyse transactionnelle proposée par Stephen Karpman en 1968 qui met en évidence un scénario relationnel typique entre victime, persécuteur et sauveur.

[ix] *Lise Bourbeau* est la fondatrice du centre de relation d'aide et développement personnel : Écoute Ton Corps

[x] Les blessures de l'âme sont : le rejet, l'abandon, l'humiliation, la trahison et l'injustice.

[xi] Un MOOC est un type ouvert de formation à distance capable d'accueillir un grand nombre de participants. L'appellation MOOC est passée dans le langage courant en France ; elle est désormais reconnue par les principaux dictionnaires

[xii] La théorie des intelligences multiples suggère qu'il existe plusieurs types d'intelligence chez l'enfant d'âge scolaire et chez l'adulte. Cette théorie fut proposée pour la première fois par Howard Gardner en 1983, et enrichie en 1993.

[xiii] Le MBTI (Myers Briggs Typologic Indicator) est construit à partir des préférences des personnes quant à la manière de recueillir les informations et de prendre des décisions.

Le MBTI a été développé par Carl Jung, Katharine Briggs et sa fille Isabel Myers (USA, 1941) et introduit en France en 1987. C'est l'indicateur de personnalité le plus utilisé dans le monde. Le MBTI n'est pas un instrument de mesure, mais simplement un instrument de tri de personnalités fondé sur les préférences. Il a été conçu pour indiquer ou repérer des préférences également valables et non pour évaluer des aptitudes. Le MBTI n'est pas un test d'intelligence, de compétences ou de chances de succès. Le MBTI ne porte pas de jugement. Il n'y a pas de bon ou mauvais type de personnalité MBTI. Chaque type MBTI a ses propres qualités et forces, ses propres zones de vulnérabilité.

[xiv] Chaque type et chaque personne a ses propres atouts. L'**ennéagramme** est un modèle structurant la personnalité humaine à partir de 9 différents types de fonctionnements relatifs aux directions de trois centres d'intelligence (mental, émotionnel et instinctif) que nous possédons tous.

[xv] Un *zèbre* est le terme qu'utilise Madame *Jeanne Siaud — Facchin* psychologue et spécialiste de la question sur le surdouement.

[xvi] Le film raconte la vie d'un homme, Truman Burbank, star d'une télé-réalité à son insu. Depuis sa naissance, son monde n'est qu'un gigantesque plateau de tournage et tous ceux qui l'entourent sont des acteurs. Lui seul ignore la réalité. Le film explore ses premiers doutes et sa quête pour découvrir le but de sa vie.

[xvii] La kinésiologie ou cinésiologie est une discipline non scientifique qui étudie les mouvements et postures du corps humain et non humain d'un point de vue biomécanique, articulaire et musculaire. On parle aussi de physiologie du mouvement.

[xviii] **V.I.T.R.I.O.L.** ; visita interiora terrae, rectificando invenies occultum lapidem/ Visite l'intérieur de la terre et, en rectifiant, tu trouveras la pierre occulte.